I0778518

Wie kommen wir da raus ?

Enoh Meyomesse & Jürgen Strasser

Wie kommen wir da raus ?

EdkBOOKS

© EdkBOOKS - August 2018
ISBN : 978-1725070011

Vorbemerkung

Ein Problem höchster Dringlichkeit, zumal es Regierungen zu Fall bringen kann, macht Europa derzeit großes Kopfzerbrechen: die Zuwanderung.

Trotz der Anstrengungen und allen guten Willens, welche die europäischen Staaten an den Tag legen, ist keine zufriedenstellende, will heißen: dauerhafte, Lösung in Sicht. Somit macht sich jedes Mal, wenn ein mit Migranten überfülltes Boot an einer europäischen Küste anlandet, in den verschiedenen Hauptstädten der EU Panik und Streit breit. Abgesehen von betulich zur Schau gestellten

Höflichkeiten ist kein einziger Staat wirklich willens, diese Bevölkerung auf seinem Gebiet aufzunehmen.

Auf den folgenden Seiten möchten wir die Besonderheiten der Zuwanderung aus dem Afrika südlich der Sahara und konkrete Vorschläge für neue Lösungen grob skizzieren.

1

Lösungen, die keine sind

Eines vorweg: so manche Lösungen, welche die Europäische Union zum Stoppen des Zustroms aus dem subsaharischen Afrika vorschlägt, sind keine solchen.

*Die Verlegung der euro-
päischen Grenzen nach Afrika*

So gut durchdacht die
Idee, die Einwanderungskon-
trollen Europas auf den afrikanischen Kontinent zu ver-
legen auch scheinen mag, sie
wird die Migrationswilligen
nicht dazu bewegen, nicht
doch einen der Seelenver-
käufer von Kähnen zu be-
steigen, um das Mittelmeer
zu überqueren und an einem
spanischen, italienischen oder
anderem Ufer zu stranden.
Zweifellos liegt der Vorteil
dieser Idee für die europäischen Regierungen ganz ein-
fach darin, dass er ihnen die
moralische Last von den
Schultern nimmt, den Zu-
strom der Migranten und deren Abschiebung selbst in

den Griff zu bekommen. Dies
erspart den Regierungen Kritik seitens der öffentlichen
Meinung, etwa über *„brutales
Vorgehen"* oder *„Unmenschlichkeit"* der eigenen Ordnungskräfte. Doch den Zustrom
stoppen wird diese Idee nicht.

Kontrollen auf See

Auch diese werden nicht
ausreichen, um den Zustrom
der Migranten einzudämmen,
denn letztere kennen keine
Angst. Einmal abgeschoben,
werden die Migrationswilligen sich binnen kurzer Zeit
wieder aufs Meer wagen – bis
zur nächsten Abschiebung,
bis zum Tod oder letztlich
doch der Ankunft in Europa.
Sie sind von einer Entschlossenheit beseelt, die keine Grenzen kennt, es handelt

sich um eine regelrechte Verbissenheit.

Die Logik der Migranten ist bekannt:

> „Es stimmt schon, dass viele auf der Überfahrt umkommen, aber einige schaffen es, und ich gehöre ganz bestimmt zu denen, die dem Ertrinken entgehen."

Eine Abschiebung ist für sie eine Sanktion ohne Wirkung. Sie wirkt keinesfalls abschreckend.

Druck auf die Regierungen
Die afrikanischen Regierungen halten ihre Jugend nicht in Gefangenschaft. Sie halten sie nicht in Ketten. Sie könnten die jungen Leute ja nur auf ihrem Staatsgebiet

zurückhalten, indem sie sie etwa ins Gefängnis wegsperren. Selbst wenn dies eine allgemein akzeptierte Lösung wäre (sie ist es natürlich nicht!): Welche Bedrohung bedeutete schon ein Gefängnis für Menschen, die nicht schwimmen können und sich trotzdem in seeuntauglichen Schaluppen mitten aufs Meer wagen? Für Menschen in dieser Verzweiflung ist selbst die Androhung einer Gefängnishaft nichts weiter als ein Scherz.

Geburtenkontrolle.
Eine der angenommenen Erklärungen Europas für die afrikanische Zuwanderung ist der demographische Druck.
Dieses Argument ist keineswegs stichhaltig, denn

die beiden bevölkerungsreichsten Staaten der Welt, China und Indien, kennen das Phänomen der Abwanderung in dieser Tragweite nicht. Das Problem liegt also nicht an der Überbevölkerung. Diese ist kein Faktor für die Migration. Die jungen Afrikaner stürzen sich nicht ins Meer, weil ihre Städte oder Dörfer so überbevölkert sind.

Demokratisierung.
Ebenso wird in Europa allgemein angenommen, das Fehlen an Demokratie sei einer der hauptsächlichen Beweggründe für die jungen Afrikaner südlich der Sahara, ihre Länder zu verlassen.

Dem ist nicht so, weil in den meisten afrikanischen Ländern sich der politische

Machtwechsel nicht auf Basis von politischen Programmen, sondern eher nach der ethnischen Zugehörigkeit vollzieht.[1] Zudem gehören die Migranten ja buntgemischt sowohl zu den Anhängern der machthabenden Partei als auch zur Opposition.

[1] In vielen Fällen ist es so, dass Vorwürfe bezüglich einer „mit Füßen getretenen Demokratie" und der „Verletzung von Menschenrechten" von Angehörigen der jeweils sich nicht an der Macht befindenden Ethnien vorgebracht werden, um eben den Machthaber in Verlegenheit zu bringen. Forderungen nach politischen Reformen wie die Beschränkung der Amtszeit von Funktionsträgerinnen und Funktionsträgern auf eine gewisse Anzahl von Jahren sind in der Regel gegen die sich vermeintlich an der Macht befindlichen Ethnie gemünzt und werden von jenen vorgebracht, die nicht dazugehören.

2

Die große Mitverantwortung der EU für die Explosion der Zuwanderung

Der Zustrom junger Migranten aus dem subsaharischen Afrika nach Europa ist vor allem die direkte Folge der Afrikapolitik seitens der EU.

Freier Warenaustausch und Zerstörung der dünnen afrikanischen Industriestruktur

Das Ende des Systems der nichtgegenseitigen Handelspräferenzen, welche die EU den afrikanischen Staaten gewährte, und das Inkrafttreten eines neuen regionalen Wirtschaftspartnerschaftsabkommens 2014 ohne diese Handelsvorteile hat bis heute die völlige Zerstörung der sich ansatzweise entwickelnden afrikanischen Industrie zur Folge. Diese kleine, im Entstehen begriffene Industrie hatte Millionen von Menschen eine zugegebenermaßen schlecht bezahlte Arbeit, aber eben doch eine Arbeit mit Lohn geboten.

Die Überschwemmung der afrikanischen Länder mit Produkten aus der EU hat ein derartiges Ausmaß erreicht, dass wir gegenwärtig mitansehen, wie sich die Großen im Lebensmittelhandel in nahezu allen Ländern festsetzen. *Carrefour, Mamouth, Score, Casino* und andere große

Player überschütten den afrikanischen Markt mit europäischen Billigprodukten, sehr zum Schaden der örtlichen Produktion. Sie zerstören alles, was vor Ort vorhanden ist, und berauben so zahllose Afrikanerinnen und Afrikaner ihres Arbeitsplatzes und ihres Einkommens.

Schon die Second-Hand-Kleider aus Europa haben die afrikanische Textilindustrie zum Erliegen gebracht, ebenso die Schuhindustrie und die Lederfabrikation im Allgemeinen. Nun haben die großen, oben erwähnten Handelsketten es auf die örtliche Fleischproduktion, also Rinder und Geflügel, abgesehen. Die tiefgefrorenen Hühner aus Europa verkaufen sich unvergleichlich besser als jene, die vor Ort in den Dörfern und Bauernhöfen gezüchtet werden.

Wenn sich schon die europäischen Landwirte über den Wegfall der Zollbarrieren mit Kanada beklagen, was sollen dann erst afrikanische Landwirte zu ihrer Lage sagen? Für sie ist es schlichtweg eine Katastrophe.

In Wirklichkeit steigen lediglich die Unternehmen, allen voran die Großkonzerne und einige Klein und Mittelbetriebe als Gewinner aus dem freien Warenaustausch aus. Nur hat eben Afrika zu seinem Leidwesen keine davon.

3

Die EU am Scheideweg

Will die EU den afrikanischen Markt mit ihren Waren auf Kosten der örtlichen Industrie überschwemmen? Dann muss sie im Gegenzug mit einer Flut an Migranten rechnen. Sie will keine Zuwanderer auf ihrem Staatsgebiet? Dann möge sie doch den Freihandel, welchen sie den afrikanischen Ländern auferlegt, von Grund auf neu überdenken und neu ausrichten. Beides in einem wird nicht gehen: freier Absatz in Afrika bei gleichzeitigem Ausbleiben der afri-

kanischen Zuwanderer nach
Europa. Dies sind die beiden
Seiten ein und derselben Me-
daille. Das Eine ist ohne das
Andere undenkbar.

Was kann die jungen
Afrikaner denn auf ihrem
Kontinent halten, wenn es
dort keine Arbeit mehr für
sie gibt?

Der Zusammenhang ist
doch offensichtlich: *vor 2014
keine Migrationswellen; seither
ununterbrochen.* Genau 2014
haben die Wirtschaftspart-
nerschaftsabkommen zwi-
schen der EU und Afrika
Platz zu greifen begonnen.

Wir erinnern uns:
Die Zielsetzung der
Wirtschaftspartnerschaftsab-
kommen (WPA) zwischen
der EU und Afrika war

einerseits die Abschaffung der Zölle für europäische Produkte in Afrika und andererseits die Aufrechterhaltung der Öffnung der europäischen Märkte für afrikanische Produkte, wie sie bereits existierte.

In Wirklichkeit ist dies nichts Anderes als ein Scheingeschäft. Lediglich einige wenige afrikanische Produkte aus der Landwirtschaft, wie Kaffee, Kakao, Baumwolle oder Bananen, kommen in Europa in den Handel, nicht jedoch Fabrikwaren. Genau diese sind es aber, die Arbeitsplätze schaffen, nicht die Feldarbeit.

Wir sehen uns also einer schreienden Ungleichheit gegenüber. *Die WPA sind schlichtweg ein Mittel zur*

Zerstörung der afrikanischen Wirtschaft. Die Folgen erleben wir alle hautnah:

1) Eine massive Abwanderung junger Afrikaner nach Europa. Es gibt keine Arbeit mehr bei ihnen zu Hause.

2) Eine dauerhafte Niederlassung in Europa der afrikanischen Studentinnen und Studenten nach deren Studienabschluss – während die Studentinnen und Studenten aus China großteils wieder zurückgehen – ist ebenfalls dem Mangel an Arbeitsplätzen geschuldet.

3) Manchmal wandern sie, mit europäischen Diplomen versehen, nach Amerika aus.

In Deutschland und in Kanada gibt es etwa mehr Ingenieure kamerunischer Herkunft als in Kamerun selbst. Gleiches gilt für die Nigerianer, Ghanaer und andere. Die Anstrengungen, welche Europa unternimmt, um Afrika mit Blick auf dessen eigene Entwicklung mit kompetenten Führungskräften zu versehen, laufen so vollkommen ins Nichts.

Die Frage, die man sich guten Rechts dabei stellen kann, lautet: Ist sich Europa dessen überhaupt bewusst?

Wie immer es auch sein mag, wir dringen hier zum Herzstück der jahrhundertelangen Beziehungen zwischen Europa und Afrika vor

Auf dieser Ebene erreichen wir nun einen grundlegenden Aspekt im Verhältnis zwischen Europa und Afrika.

4

Brechen mit den Prinzipien des Kolonialpakts

Wir erinnern uns, der *„Kolonialpakt"* war jene Regel, nach der die Kolonialgebiete ausschließlich Rohstoffe und Landwirtschaftsprodukte liefern und das Mutterland die industriell gefertigten Produkte. Egal, um welche Kolonialmacht es auch ging, jede von ihnen hat ihr Kolonialregime sein ganzes Bestehen lang nach dieser Regel geführt.

Das Afrika unserer Tage bleibt seiner Unabhängigkeitserklärungen zum Trotz immer noch diesem Regime unterworfen. Die internationalen Finanzinstitutionen, darunter auch jene Europas, wetteifern darin, diese Situation möglichst beizubehalten. Sie finanzieren praktisch keine Fabrikgründungen in Afrika. Sie finanzieren Straßen, Schulen, Spitäler, Eisenbahnen, Flughäfen, aber keine Fabriken.

Noch schlimmer: Sie haben dabei stets eher zur systematischen Zerstörung der dünnen afrikanischen Industriestruktur beigetragen welche die Afrikanerinnen und Afrikaner mühsam aufbauen.

Dieser Krieg gegen Afrika ist gnadenlos. So haben etwa, als Ende der 1980er-Jahre die Wirtschaftskrise die Länder Afrikas heimgesucht hatte, alle Maßnahmen zur Abhilfe seitens der Finanzinstitutionen darin bestanden, praktisch sämtliche bestehenden Staatsbetriebe auf dem afrikanischen Kontinent durch Zwangsverkauf zu schließen. *„Rückzug des Staates"* war damals das Zauberwort. Kaschiert wurde er hinter Begriffen wie *„Strukturanpassungen"* oder *„Maßnahmen zur Umstrukturierung"*. So wurden die afrikanischen Staatsunternehmen allesamt entweder geschlossen oder von großen westlichen Finanzgruppen aufgekauft.

Tausende Angestellte fanden sich von heute auf morgen auf der Straße wieder. Dies war der Beginn der Sehnsucht nach Auswanderung vieler Afrikaner, die nun ohne Arbeit dastanden. Alleine in Kamerun wurden ungefähr 100.000 Menschen mit einem Schlag arbeitslos. Wenn wir ganz Afrika durchsehen, wie viele werden es wohl gewesen sein?

Ab 2014 haben dann die WPA mit der EU auch noch die kleineren und mittleren Industriebetriebe schrittweise zunichte gemacht, welche da und dort den Leuten noch ein wenig Arbeit gegeben hatten.

Dies sind kurz umrissen die beiden großen Quellen für

den Exodus der jungen Afrikaner nach Europa.

Europa muss sich damit abfinden, dass es in Afrika ein Minimum an Industrie gibt, denn dies ist die einzige Möglichkeit, der Jugend dieses Kontinents Arbeit zu verschaffen und sie so bei sich zu behalten. Die gegenwärtige Polizeirepression wird dagegen nichts ausrichten.

FRONTEX und ähnliche Erfindungen letztlich ebensowenig.

Europa muss mit dem Geist des „*Kolonialpakts*" brechen, der es, sei es nun bewusst oder unbewusst, beseelt, denn wir erleben gegenwärtig seine dramatischen Auswirkungen. Tausende junge Menschen sterben im Meer. Tausende über-

winden die Grenzanlagen
von Céuta. Tausende bieten
sich in Libyen zum Kauf an.
*Europas Verantwortung ist sehr
groß in diesem Drama.*

Wenn Europa nicht mit
dem Geist des „*Kolonialpakts*"
bricht, wird die Einwan-
derung ganz offensichtlich
bloß weiter ansteigen. Sie
kann sich keinesfalls verrin-
gern, geschweige denn ganz
zum Erliegen kommen.

5

Eine neue Partnerschaft
EU-Afrika.

Die Beziehung zwischen
der EU und Afrika ist jene
einer stürmischen Freund-
schaft, schwierig, aber den-

noch vor allem ein Freundschaftsverhältnis.

In der Vergangenheit hat Afrika sehr zum Wohlstand Europas beigetragen, zunächst über den Sklavenhandel, danach über das Kolonialregime. Europa wiederum hat Afrika einen neuen Lebensstil gebracht, einen anderen Lebensstil, in einem Wort seine Zivilisation. Die anderen Kontinente haben dies nicht getan.

Heute jedoch befindet sich Europa, obwohl es mit den afrikanischen Staaten freundschaftlich verbunden ist, in großer Uneinigkeit mit ihren Völkern. Grund des Zwistes: die Einwanderung. Deshalb ist es so wichtig, über Abhilfe nachzudenken, um diese Situation zu lindern.

Es ist an der Zeit, zwischen den beiden Kontinenten eine neue Partnerschaft zu begründen, die über die derzeitige hinausgeht, denn aus politischen, wirtschaftlichen und kulturellen Gründen brauchen beide einander.

Was sollte man in dieser neuen Partnerschaft einführen? Die menschliche Dimension. Bisher standen stets die Wirtschaftsbeziehungen im Vordergrund. In den *Lomé-Abkommen*, im *Cotonou-Abkommen* und in jüngerer Vergangenheit in den WPA wurde stets der Mensch außen vorgelassen. Er kommt darin nicht vor.

Den Inhalt einer neuen Partnerschaft zwischen der EU und Afrika, an der kein Weg vorbeiführt, zu entwickeln, bedarf einer gründlichen Analyse, die den Rahmen dieses Textes sprengt. Diese lässt sich jedoch schon jetzt und unter Weglassung essentieller Details wie folgt zusammenfassen: „*Die Minimalvoraussetzungen auf den Tisch zu legen, welche es erlauben, die afrikanischen KMU wieder erstarken zu lassen. Sie waren es, die in der Vergangenheit die afrikanische Jugend vor Ort gehalten haben.*“